「夢中で算数」をつくる 教材アイディア集

日本基礎学習ゲーム研究会会長
横山験也

さくら社

◉はじめに

　わり算の筆算で使う手作り教具、「スイートポテト」を御存知ですか。わり算の筆算が急速に面白くなり、しかも、やり方がストンと頭に入る魔法の教材です。

　わり算の筆算は、「たてる→かける→引く →降ろす」というアルゴリズムで進められます。教科書にもその手順が記されており、この手順を覚えればいいだけのことなのですが、これが何とも味気なく、子どもたちの食いつきはイマイチです。

　ここが何とかならないかと考え、ふと気づいたのが、数を隠す紙に「スイートポテト」と書くことでした。

　一見、たいした効果もなさそうに思えます。ところが、です。なぜ「スイートポテト」と書くのか、それがわかると、子どもたちは大喜びし、ノートに筆算をしつつ、「スイートポテト」と口にする子も出てくるほどの状態になりました。

　具体的には、次のような流れになります。

　例えば、725 ÷ 3 と板書したとします。はじめに 7 ÷ 3 を行うのですが、それがくっきりするように、725 の 25 の上に紙をかぶせて隠します。この紙に、「スイートポテト」と書きます。そうして、なぜ「スイートポテト」と書いたのか、その理由(わけ)を伝えつつ、筆算を進めます。

「7 の次の数字を見るので、この紙をずらします。ずらす時、音がします。どんな音でしょう？」

　子どもたちは、少々きょとんとした顔になります。

　そこで、口で「スイーッと」と言いつつ、すいーっと紙を右へずらします。

そのまま説明を続けます。

「出てきた2を下に降ろします。降ろす時にも音がします。どんな音でしょう⁉」

教室が「はぁ？」という状態になりますが、勘のいい子が気づきます。

「わかった、『ポテッと』だ！」

スイーッとずらして、ポテッと降ろす

だから、「スイートポテト」と書いておくのです。

子どもたちには非常に大きなインパクトがあり、ドリルなどをする時にも、「スイーっとポテッと」とつぶやきながら取り組む子も出るほどでした。このように、算数に親しみを持ち、面白みを感じてくれると、子どもたちは算数を好きになっていきます。

他の学級の先生方にもお伝えしました。すると、「『スイートポテト』を授業に取り入れたら、子どもたちが面白がり、全員わり算の筆算ができるようになった」と、嬉しい報告を受けたこともあります。

「スイートポテト」は筆算の流れを擬音で伝えた紙教材です。同様に、本書には紙で作った教材が多く載っています。紙を重ねる、紙に切り込みを入れる、紙を折るといった、折り紙や紙細工の初歩的な工夫で、子どもたちが算数を楽しめるように作ってあります。

本書に載せた手作り教材を実際の授業で使ってみて、「これはいける！」と感じられたら、ぜひ、皆さんも学習に役立つ新しい手作り教材を作り出してみてください。

　　　＊　＊　＊

私が手作り教材を作り続けてきたのは、子どもたちに夢中になって算数に取り組んでほしかったからです。時代がデジタルに向かいはじめた時、デジタル教材を作れば、さらに子どもたちが「夢中で算数」状態になると思い、

プログラミングを習いデジタル算数教材を自作し続けました。それが 2010 年にデジタル教材『子どもが夢中で手を挙げる算数の授業』としてリリースされました。それ以降、多くの先生方に支持されています。

　◎子どもたちが算数に夢中で取り組んでいます！

　◎一目瞭然で子どもたちが理解していきます！

　◎短い時間に大量の反復練習ができます！

　◎テストで 90 点を超える子が増えました！

　◎授業が早く進むので、余った時間を工夫しています！

　続々と喜びのメッセージが届いただけでなく、口コミの紹介から広がり、地域全体で採用してくれた市町もあります。その算数教材が時代の要請を受け、さらに進化した ICT 教材『夢中で算数』となりました。

　この本では、手作り教材について見開き 2 ページで紹介しています。その下段に、関連するデジタル教材を〔DIGITAL〕として紹介しています。これらデジタル教材は、子どもたちが自ら学びたくなる手作り教材の発想を基に開発した算数教材です。手作り教材に興味を持たれたら、さらに発展したデジタル教材も活用してみてください。

　それにより、さらに有益な授業ができます。その授業のひとつは、

子どもたちが自ら学ぶ授業、先生が見守る授業

です。授業も早く進みます。

「自ら学ぶ」というのはまさに、アクティブ・ラーニングです。「先生が見守る」というのは子どもたち一人ひとりが個別に進める学び（個別最適化された学び）を見守るということです。

　その授業はとても簡単に実現することができます。

　授業のはじめにデジタル教材を見ることで、子どもたちが教科書を自力で読んでいくからです。先生が一つひとつ教えていく一斉指導とは大きく姿が異なるので、にわかには信じがたいかもしれませんが、実際にこれで授業は進度が早まり、子どもたちは算数を面白がり、もっと学びたいという姿を示していきます。

先生のやることは、はじめにデジタル教材の中から本時の当該箇所を指定し、子どもたちに見せておく程度です。教科書の自力読み段階では教科書のページを指定する程度です。もちろん、「わからないところがあったら質問してね」と対応します。子ども同士の教え合いや学び合いも行えます。

　先生がリードし続ける授業とは異なり、先生に余裕ができるので、気になる子への対応をこれまで以上に行うことができます。

　また、学びが早く進むので、余った時間をどう活用するかと、楽しく前向きに頭を巡らせることができます。

　子どもたちにとっても、この授業は算数への親しみの湧く、楽しい学びの場となります。デジタル教材でグイグイと算数に引き込まれ、学ぶ内容が次々と頭に入っていきます。その頭で教科書を読むのですから、「オッ、読める！」「アッ、わかる！」と自分への自信がついてきて、学びへの喜びを味わうことができます。さらに、どんどん先に進めたくなってきて、まさに、エンジンがかかった状態になります。

　こういった、子どもが自ら学ぶ新しい授業が先生の教室で展開されるために、本書がお役に立つことがあれば嬉しく思います。

「夢中で算数」をつくる 教材アイディア集

もくじ

コラム

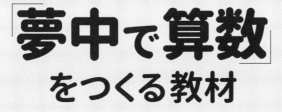

「夢中で算数」をつくる教材

をつくる教材

子どもたちが面白がりもっと学びたくなる
そしてできるようになる

アイディア教材が
全31種類

左がどっちなのかはっきりわかる

左パッチン

「左から３番目は？」と聞かれて、３番目はわかっても左が？？となる子がいます。その子のために！

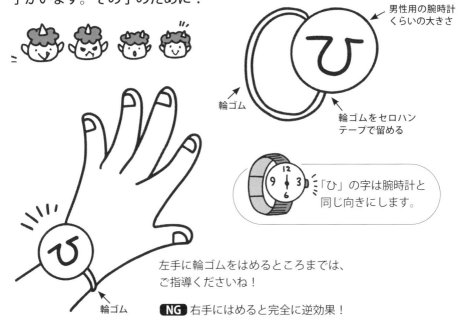

男性用の腕時計くらいの大きさ

輪ゴム

輪ゴムをセロハンテープで留める

「ひ」の字は腕時計と同じ向きにします。

輪ゴム

左手に輪ゴムをはめるところまでは、ご指導くださいね！

NG 右手にはめると完全に逆効果！

DIGITAL

右（左）から何番目か数えたくなる！

バラバラだったのが　　　動き出す！　　　問題が登場！

子どもたちはアイコンの動きにひきつけられます。そこへ問題文が登場するので思わず読みたくなり、答えも言いたくなってきます。さらには、どうしてそうなるのかも説明したくなります。

◉「左」を意識させる

左手で何かするときに、「左じゃんけん」など、「左○○」と名称をつけるようにすると、左への意識化が進みます。

「左パッチン」

輪ゴムを引っ張って離し、腕にパチンと当てます。「5回連続！」などと楽しみます。

ワンポイント

右と左は教えるのが難しく、「お茶碗を持つ方」「お箸を持つ方」などと間接的に伝えます。この間接性を体に沁み込む形にすると、覚えやすくなります。パッチンと行うのは左を体に沁み込ませるための行為です。なお、右手も同様に作ってしまうと、左だけへの印象が弱くなり、効果は薄れます。

みんなでいっしょに「左じゃんけん！」

左ジャンケン
いくよー!!
ジャンケン
ポン!!

左手でのじゃんけんを何回か行います。「ストロング左」とか「スーパー左」などと誇張するのもいいです。

※他に「左ハイタッチ」なども楽しめます。

13

たし算・ひき算のチョー簡単レッスン

指たし算、指ひき算

指で数を示し、声で「+（たす）」や「=（は）」を言い、子どもたちに答えを言ってもらいます。指と声だけなので、いつでもどこでも思い立った時にできます！

はじまり
はじまり

① 無言で指を出します。気がつかない子もいます。気にしないで進めます。

※子どもたちから見て、式が左から右へ進むようにするため、最初の数は右手で出します。

② 手をおろして、大きな声で元気よく言います。

③ 無言で指を出します。まだ、気がつかない子もいますが、気にせず先へ進みます。

※左手で出します。

④ 手をおろして、大きな声で元気よく言います。

⑤ 最初から見ていた子は先生と同じぐらい元気に答えてくれます。子どもたちの答えを聞いてから、両方の手を見せて、確認するのもいいです。

これを立て続けに2回、3回やると、どの子も先生の出す指、口にする声に集中します。また、指が量を表しているので1〜5の数でのたし算、ひき算を量とともにしっかり教えることができます。

DIGITAL

たし算の意味がわかる！

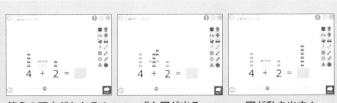

答えの理由がわかる！　　式と図が出る　　図が動き出す！

「合わせるとどうなるのか」を図が動くことで伝えてくれます。式の数も同様に動くので、たし算の意味がわかりやすくなっています。他の式でも繰り返し学習できるのでたし算がどんどんわかってきます。

◉言葉を変えれば、ひき算、かけ算もできます。

ひき算

$$5 - 2 = 3$$

かけ算

$$7 \times 3 = 21$$

◉ちょっと変化させて

$$10 , 10 , 10 \quad 30$$

ワンポイント

指で目を集中させ、声で耳を集中させます。集中力が高まるので「よい目だ！」「よい耳だ！」とほめるのもよいです。授業の始まりに行って、子どもたちのやる気を高めるのもよいです。

3 8＋6で6をどう分解するのかわかる

10っすジュース

1年 たしざん2

8＋6は6を2と4に分解して、8＋2。たす4と計算していきます。その6の分解がどうにもピンと来ない子のために、「10っすジュース」は生まれました。

準備する物▶黒板用の「10っすジュース」

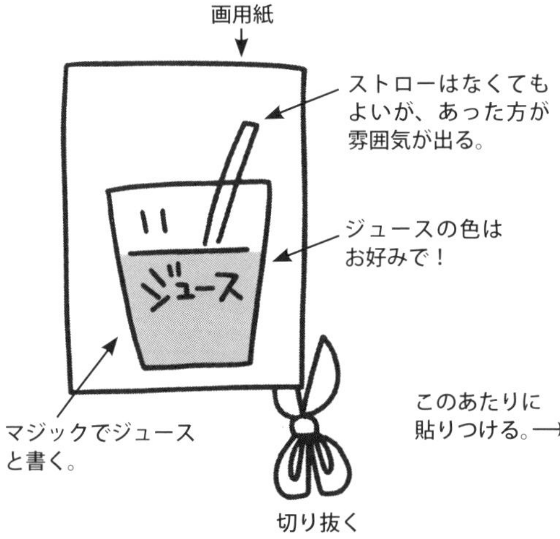

画用紙
ストローはなくてもよいが、あった方が雰囲気が出る。
ジュースの色はお好みで！
ジュース
マジックでジュースと書く。
切り抜く

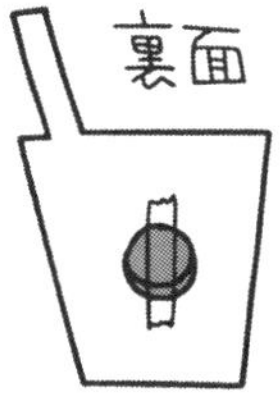

裏面
マグネットをセロハンテープで留める。

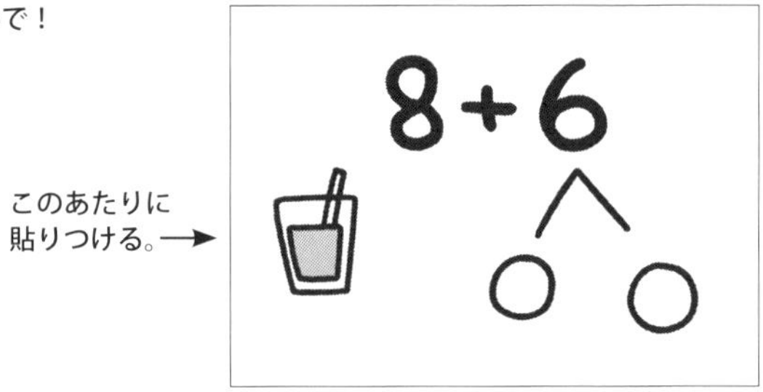

このあたりに貼りつける。
8+6

DIGITAL

10を作ることがわかる！

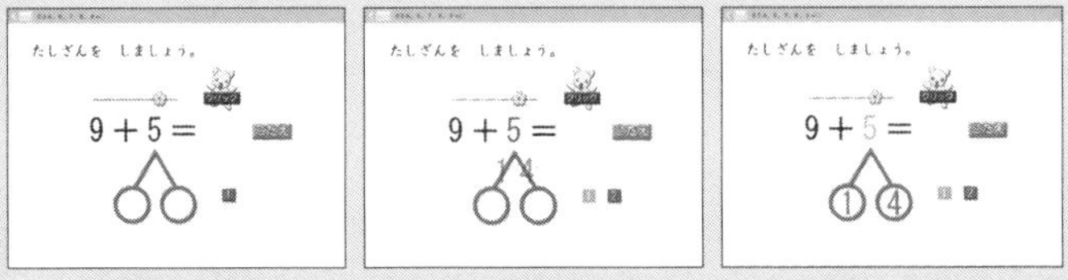

たしざんを しましょう。
9＋5＝

サクランボが出る　5の分解が始まる！　計算の仕方がわかる！

合計が10になるように、一方の数を分解することが、アニメーションでわかります。他の数でも同じように動くので、何度か見ているうちに、やり方がわかってきます。

◉ 授業での使い方

板書は少し大きめにし、たし算の式に集中させます。

① くり上がりのあるたし算を板書し、考え方として、サクランボをつけます。

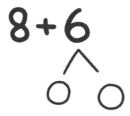

〈サクランボの名称〉

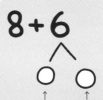

こっちは8にくっつく方なので「くっつきんぼ」と呼んでいます。

こちらは残りなので「のこりんぼ」です。

② ここで8とサクランボの間に「10っすジュース」をペタッと貼り、何でジュースが出てきたのか尋ねます。

10をつくるから、ジュースなのです。

子どもたちとのやりとりを楽しんで、「大事なことは10にすることだから、これを"10っすジュース"と言います！」などと、話してあげましょう。

※8といくつで10になるか考える場面をシャレで印象づけています。

ワンポイント 10をつくることを強く意識させるための、ちょっとパンチの効いたシャレ教材です。ですが、絶対にジュースでなければならないという理由はありません。10へのシャレが効いていればOKです。柔道が好きな先生なら「10、ドウ？」でもかまいません。黒板用の10円玉を使うのもいいです。

1年

4

不等号がすんなりわかる

不等号さかな君

2年
1000までの数

不等号の記号（＜ ， ＞）の意味がどうにもわからない子がいます。
そういう子に気づいたら、この「不等号さかな君」を作ってみましょう。

準備する物▶不等号さかな君

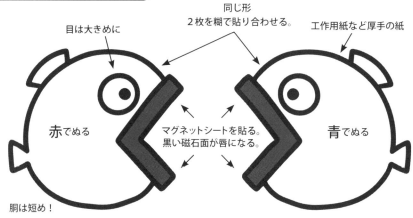

目は大きめに

同じ形
2枚を糊で貼り合わせる。

工作用紙など厚手の紙

赤でぬる

マグネットシートを貼る。
黒い磁石面が唇になる。

青でぬる

胴は短め！

色鉛筆でサッサッサッでOK！
色指定していますが、
お好きな色で。

DIGITAL

不等号の意味がわかる

ツマミで数を調整

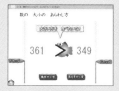

魚も登場！

ツマミを上下にドラッグして数を変えていくと、それに合った不等号が出てきます。もちろん魚も！　同数の場合は等号も出るので、等号・不等号の意味がよりいっそうわかります。

◉ 授業での使い方

不等号を書く所に「不等号さかな君」をペタッ！と貼ります。それから数を少しずつ変えて、4〜5回繰り返しましょう。

不等号さかな君を知った
先生の声

ワンポイント なお、テスト中、不等号を書き込む所に魚の体をつけて書く子がいます。それを発見しても、みんなには言わない方がいいです。面白がって魚をつける子が続出します。それを採点する時、○にするか×にするか問題になりますが、意味がわかっているので、私は○にしました。

5

数のしくみがよくわかる

数の重なり君

525 を五百二十五と読めることは基本中の基本ですが、最初の 5 と最後の 5 は同じ 5 でも中身が違います。それがスカッとわかるようになります。

準備する物▶数カード

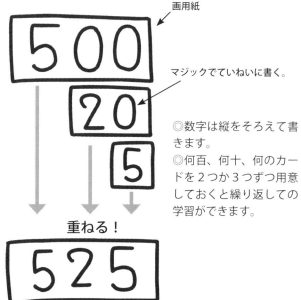

画用紙

マジックでていねいに書く。

◎数字は縦をそろえて書きます。
◎何百、何十、何のカードを 2 つか 3 つずつ用意しておくと繰り返しての学習ができます。

重ねる！

DIGITAL

数のしくみがたちどころにわかる！

| 数が出る | 重なりが動く | 数の重なりがわかる！ |

683 は 600 と 80 と 3 のカードが重なってできていることが、あっと言う間にわかります。数を変えて、重なりの様子を数回見ておくと、数に対する感覚が豊かになります。

◉ 授業での使い方

数カードをきちんとそろえて持つようにします。パッと見せてもよいですし、
教卓の陰からじわじわ見せても楽しいです。

---

① 子どもたちに見せる時には、3種のカードを重ねて持って見せます。

紙を重ねて見せて
いるのですが、意
外なことに、子ど
もたちは重なって
いることに気がつ
きません。

---

② 質問をします。

授業で使い終ったら、上端を
テープでとめて壁面などに掲示
するといいです。

---

③ 「こっちの5は・・・・（少しタメを入れる）」
と言いつつ、500のカードを上に持ち上げ
ます。

ワンポイント

・数は同じで
も位によって
中味が変わります。普通は口頭
で「こっちの5は500だね」な
どと言うのですが、ストンと頭
に入らない子もいます。"百聞
は一見にしかず"です。見せて
あげるとスッキリわかります。
・数の重なりを「数の重層構造」
と呼んでいます。

21

数を読むのが楽しくなる

数かくし

数を読む学習は、少々やさしい学習なので、子どもたちの真剣度がや
や下がり気味になります。それをグッとパワフルにやる気満々にさせ
るのが、この「数かくし」です。

準備する物▶数カードと隠し紙

マジックで書きます。

数カードを5〜10枚用意します。
上質紙でOKです。

上から数を隠す紙です。

下が透けて見えない厚さの紙。
これは1枚でOK。

重ねます!

DIGITAL

4桁の数を
どんどん
読みたくなる!

数にカバーがかかる

答えが出る

数にカバーがかかっていると読みにくいのですが、非常に読みたくなります。数を変えて
挑戦することで、4桁の数もすらすらと読めるようになります。

◉ 授業での使い方

部分的に数が見えるようにして、提示します。隠されたことが刺激になり、子どもたちは燃えてきます。

① 数カードと隠し紙を重ねて、子どもたちにサッ！と見せます。

子どもたちは数の一部分をたよりに元の数を推測し、なんとしても正答してみせるぞ！という強い気持ちになります。

② 答えが出そろったら、隠し紙をはずします。

● 数かくしのバリエーション

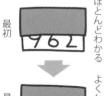

数が見える範囲を徐々に少なくしていく。

最初 ほとんどわかる

↓

最後 よくわからない

隠す紙を穴あきにする

下を隠す

使い終わったカードを廊下に提示すると通りすがりの子が、思わず見てしまいます。

画鋲

折り目

つい、めくりたくなります。

ワンポイント

1万までの数でも、同様に行うことができます。

2年

23

かけ算のしくみが見える

九九の答えの位置

九九の勉強は、かけ算の意味を知り、しっかりマスターしていきます。
この学習の中に「九九の答えの位置」をつかませる学習を加えると、
かけ算のしくみの理解が深まり、また、その並びに美しさを感じる子
も出てきます。

準備する物▶数の表

3のだん

1	2	3	4	5	6	7	8	9	10
11	12	13	14	15	16	17	18	19	20
21	22	23	24	25	26	27	28	29	30

こういうプリントを
子どもたちの人数分
用意します。

2〜9の段を
用意します。

2のだん
4のだん
6のだん
9のだん

DIGITAL

答の位置からも暗唱に迫る！

Remember at the position.
3 × 6 = 18

3の段

Remember at the position.
5 × 7 = 35

5の段

Remember at the position.
8 × 5 = 40

8の段

2の段から9の段。それぞれのソフトで答の位置が表示されます。苦手な段で、特によく
見るようにすると、暗唱の大きな手助けとなります。

◉ 授業での使い方

2の段の九九を少し学んだところで、行うとよいです。

---

① 黒板に数の表を貼り、子どもたちにも2の段のプリントを配ります。

黒板用に模造紙で作ったものを
用意しておくといいです。

2のだん

1 2 3 4 5 6 7 8 9 10
11 12 13 14 15 16 17 18 19 20

※「2の段だからイチ、ニ。イチ、ニ。とやっていけばいいよ。」などとヒントを言ってしまうと、自分で気づく大切なチャンスをつぶしてしまうことになります。

1 ② 3 ④ 5 ⑥ 7 ⑧ 9 ⑩
11 ⑫ 13 ⑭ 15 16 17 18 19 20

○をつけていくうちに2の段の答えに何かきまりがあることに気がついてきます。自分で気づくことが算数の大事なところです。

② 同様に、3の段でも、4の段でも行うと、自分からどんどんやりたくなってきます。プリントを用意しておいて、自分のペースで取り組ませるのもよいでしょう。

ワンポイント

どの段も等差級数なので、規則的に○が並びます。その並びにちょっと感動する子も出てきます。中には自分で100までの表を作って、続きがどうなるかやり始める子も出てきます。11の段、12の段などと発展させる子もいます。

チョー盛り上がる

かけ算アタリはずれゲーム

2年
かけ算九九

かけ算の答えを使って楽しむ学習ゲームです。1回やると、「もう1回やりたい！」という子が続出します。このやる気を九九のマスターへ向かわせます。

準備する物 ▶ ゲーム用紙

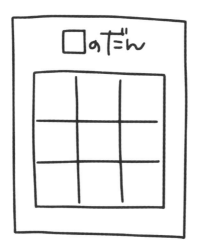

このような用紙を印刷します。何度もやりたがるので人数の何倍か作っておくことをおすすめします。

※印刷が間に合わない時はノートのマス目を利用しても行うことができます。

DIGITAL

動く数の中から九九の答えを捕まえよう！

ゆっくり動く　　　　素早く動く

3つの数の動きを調整できます。始めはゆっくり、だんだん速くして、楽しみながら九九の練習ができます。

◉ ゲームのやり方（5の段を例に記します）

先に5の段の答えをすべて書いてから、アタリ（○）を3つ書きます。

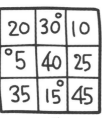

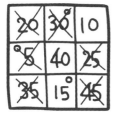

この子は勝ちました！

①マスの中に5の段の答えを1ますに1つずつ書き込みます。どのマスから書いてもかまいません。5の段がまだうろ覚えの子がいる場合は、みんなで唱和しつつ書き込むのもよいです。

②3マスにアタリ（○）を書きます。アタリ（○）はどのマスに書いてもかまいません。

③先生がハズレを言います。
「5×7はハズレ！！」ハズレのマスに×をつけます。ハズレは全部で6マス分発表します。
「5×1もハズレ！！」「5×9もハズレ！！」
「ハズレは5×5！！」
「ハズレは5×……（タメを入れる）…4！！」
「ハズレは……5…×…6！！」

④○が1つでも残った子が勝ちとなります。

> 勝つ子を増やす場合はハズレを5マスにしましょう。

◉ 九九のマスターへ向けて

アンコールが出るのでそのやる気を生かして、いろいろと工夫してみてください。

先生は子どもたちの口もとを観察すると、よく覚えていない子がつかめてきます。

他にも、隣り同士で言い、正しく言えているか確認したり、ノートに答えだけを素早く書かせたりと、暗唱できるようにすすめていきましょう。

dLの学習が楽しくなる
1L封筒

1Lが10dLであることを、量感をともなって学べる教材です。作るのに一手間かかりますが、その分、授業が充実します。

準備する物▶カバーとジュース

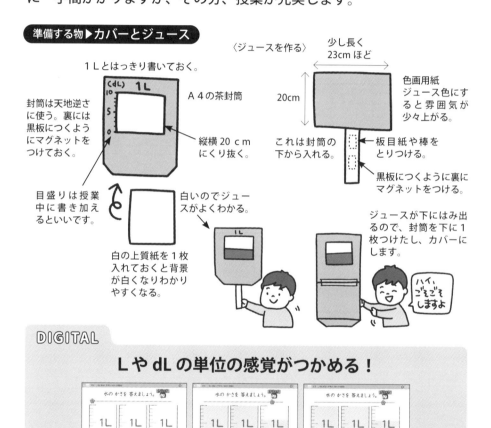

〈ジュースを作る〉

1Lとはっきり書いておく。

封筒は天地逆さに使う。裏には黒板につくようにマグネットをつけておく。

A4の茶封筒

縦横20cmにくり抜く。

目盛りは授業中に書き加えるといいです。

白いのでジュースがよくわかる。

白の上質紙を1枚入れておくと背景が白くなりわかりやすくなる。

少し長く23cmほど

20cm

色画用紙ジュース色にすると雰囲気が少々上がる。

これは封筒の下から入れる。

板目紙や棒をとりつける。

黒板につくように裏にマグネットをつける。

ジュースが下にはみ出るので、封筒を下に1枚つけたし、カバーにします。

ハイ、ごそごそしますよ

DIGITAL

LやdLの単位の感覚がつかめる！

水量を調整できる

答えも見える

単位の換算も！

スライダーを動かすと水量を自由に増減できます。答えを見せながら増減すると、10dLで1Lになることが、よくわかります。単位の換算にも強くなります。

◉ 授業での使い方

　1Lに足りない量をどう考えたらいいか、ちょっと質問をして、1cmの時はどうだったかヒントを出していきます。

既習の1cm = 10mmを生かして1L = 10dLと導くと、はんぱが出たときにどう考えたらよいかという考え方を学ぶことができます。

10の目盛りをマジックで書きたす。

ジュースを上下に動かして楽しく学習する。

ワンポイント

◎基本の見せ方
・これは何dLですか？ジュースを見せて、答えさせます。

◎子どもを先生にする
・1人の子を指名し、ジュースをセットしてもらい、みんなで答えます。

◎工夫した見せ方
・「8dLになったら『ストップ！』と言って下さい。」と言って、下からジュースを徐々に上げていく。

◎単位の換算を意識させる見せ方
・10dLの時には「1L！」と言うようにする。

10

分数のしくみがよくわかる
分数の紙

3年
分数

分数の意味や分母・分子の用語が子どもたちの頭にストンと入る演出ができます。

準備する物▶「4分の」の分数の紙

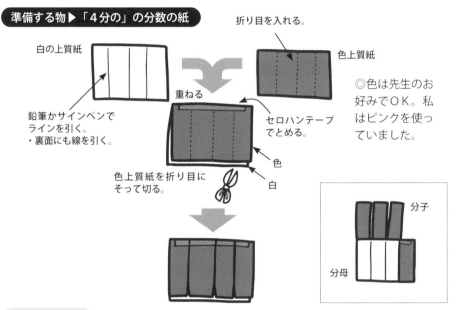

白の上質紙

鉛筆かサインペンで
ラインを引く。
・裏面にも線を引く。

折り目を入れる。

色上質紙

◎色は先生のお好みでOK。私はピンクを使っていました。

重ねる

セロハンテープでとめる。

色

白

色上質紙を折り目にそって切る。

分子

分母

DIGITAL

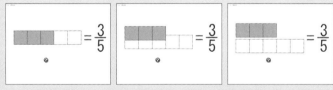

分数のしくみがよくわかる！

$$= \frac{3}{5}$$

$$= \frac{3}{5}$$

$$= \frac{3}{5}$$

図が出る　　　　図が上下に移動　　　図が分数の書き方と一致！

図が上下に分かれます。下が枠組み（めもり）で分母、上が中身で分子となり、分数の分母・分子の意味がつかみやすくなります。他の分数でも同様に動くので、分数の感覚がよくなります。

● 授業での使い方

ストーリーを次のように設定します。

◎太郎君の家に、3人の子が遊びに来た。（子どもが合計4人）

◎お母さんがケーキを4等分した。（お母さんが「分母」につながる）

◎お母さんが子どもたちにケーキをあげる。（分子部分を上にめくり上げる）

◎分母、分子を説明する時

・お母さんが4つに分けたから「分母」と言います。

・子どもが分けてもらったから「分子」と言います。

などと伝えると、すっきり感が出ます。

ワンポイント 分母と分子の説明として、分母はビーカーなどの目盛りと同質で、分子は中に入っている水と同質になります。ですので分母は目盛り、分子は中味ととらえておくとよいです。すると、分数のたし算・ひき算の時に目盛りはたせない、たすのは中味と、わかりやすくなります。

11

小数が楽しくなる

小数点君

小数点への意識が高まるたわいのない教具です。教室で使うと算数の時間がちょっとホットになります。

準備する物▶小数点君

プラスチックのカバーがついているマグネット

マジックで
顔を書く。

名前をつける。

小数点君

※マグネットに円形の画用紙
を貼って作ってもOKです。

仲間をつくっておく
のもよいです。

DIGITAL

小数と単位換算がよくわかる！

水量を調整できる　　小数も見える　　ｄＬへの換算も！

スライダーで水量を増減できるので、水量と小数の関係がつかめます。何度も繰り返すうちに小数での表し方に頭が慣れていきます。

◉ 授業での使い方

小数点をチョークで書くかわりに、小数点君をペタッと貼ります。

普通に行っても手は上がります。

小数点君を登場させると子どもたちはがぜんハッスルします。

時にチョイワル先生になってみるのも楽しい

こういう教材を作って黒板のわきに貼っておくと、休み時間にそれを使って算数で遊び始める子が出てきます。

やってくれた子が席に戻る間に、先生が小数点君をずらして、「おしい！これは 25 です。先生がやってあげます」などと言うと、「先生、ズルイ〜〜！！」と楽しい一時になります。

単元の最も重要な 1 点を擬人化した教具を作っておくと、子どもたちも喜び、授業もわかりやすくなります。

12 小数の意味が伝わる

隠れ０.１

3年
小数

3.8 は、0.1 が 38 個あるということを学習します。このことが、まさにその通りに学べるのが「隠れ０.１」です。

準備する物▶整数カードと「0.1 が」カード

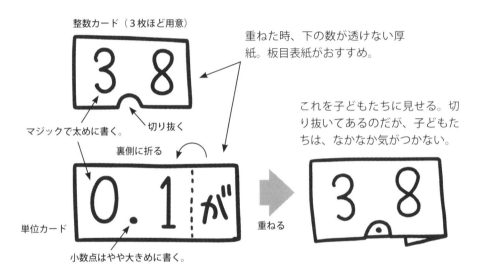

整数カード（3枚ほど用意）

重ねた時、下の数が透けない厚紙。板目表紙がおすすめ。

マジックで太めに書く。

切り抜く

これを子どもたちに見せる。切り抜いてあるのだが、子どもたちは、なかなか気がつかない。

裏側に折る

単位カード

小数点はやや大きめに書く。

重ねる

DIGITAL

小数を数直線で表せる！

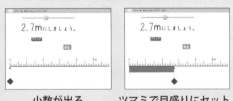

小数が出る　　　ツマミで目盛りにセット！

出題された小数を見て、数直線のどこに該当するかを考えます。ツマミで矢印の位置を調整できるので、考えた通りに矢印をセットできる。数問チャレンジしているうちに、小数と数直線の関係がわかってきます。

34

◉ 授業での使い方

カードを重ねて持ち、子どもたちにさっと見せます。

---

①整数カードと単位カードを重ねて持ち、子どもたちに見せます。

> 3.8 は 0.1 が何こ分で
> できていますか？

3 8

うーん　ハーイ!　うーん　38こです!

---

②正解を言う子が出てくるので、それを受けとめて、しくみを見せます。

ハイッ!!

3 8

ジャーン!!

0.1　3 8

ジャーン!!

0.1　が　3 8

おー!!　わあ!!　ペラー

※しくみを見せた後で、「先生、頑張って作りました！！」などと言うと拍手が出ることもあります。

ワンポイント　25 や 67 などの整数は 1 を単位として 25 個ある、67 個あると学習しています。3.8 などの小数では単位が 0.1 になり、0.1 が 38 個分あると考えられるようにします。しかしながら、言葉でわかっても実感がなかなかともないません。そこで単位のカードと整数のカードを用意して示すと、子どもたちにもしくみがよくわかります。4.59 や 7.618 等も同様に作って示すと実感をともなった学習ができます。

35

小数のたし算の筆算を正しく書けるようになる

お金つき数カード

3年
小数

小数のたし算を筆算にするとき、右のように書いてしまう子がいます。そんな子のために数カードにお金を貼り付けて、数の意味を伝えるようにするのが、「お金つき数カード」です。

```
  2 1
+ 3.4
```

準備する物▶お金つき数カード　整数用、小数用を３～４枚

本物のお金をセロハンテープで留める。

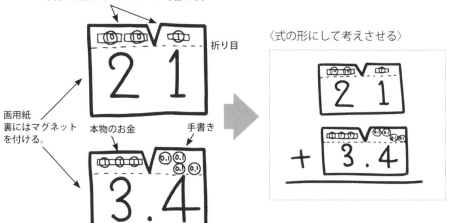

折り目

画用紙
裏にはマグネット
を付ける。

本物のお金

手書き

〈式の形にして考えさせる〉

DIGITAL

位の揃え方がわかってくる！

式が出る　　　筆算を見る　　　計算をする

式を見てから筆算が登場するので、末尾の数ではなく、位を揃えることがわかってきます。

◉ 授業での使い方

はじめは、お金の貼ってある部分を折って隠します。理由を考える時に見せます。

①式を板書し、お金つき数カードで筆算を示します。

上を折っておく

「21」
「＋ 3.4」

これでいいですね?

いいよ / 上と下がそろってるね / ん? / ちがうよ〜!

②違うと考える子のわけを聞きながら、折り畳んでいたお金を見せます。

⑩⑩①
「21」

①①①・③④
「＋ 3.4」

ジャーン!

＜筆算ストップ＞
筆算づくりの遊びです。

「21」
「＋ ← 3.4」

スススス〜

まだ! / もっと!!

※ストップしてから、お金を見せて確認します。

お金だ! / あ、そうか! / 0.1円なんてないよね!

言葉で説明するより、見ることで子どもが自分で気づくようにします。

ワンポイント

整数のたし算は末尾の位置がが揃っていれば OK でした。しかし、小数では位を揃えることが必要です。それを実感するにはお金の強いインパクトが効果的です。

はかりの読み方が楽しくなる

針1号、針2号

3年
重さ

はかりの目盛りを読む学習が楽しくなります。私もやりたい！と子どもたちのやる気に火がつきます。

準備する物▶はかりの目盛りと針

※マグネットシートを使うのは針を浮かなくするため。実物のはかりは針が少し浮いていて、正面から見ないと正しく目盛りを読めません。そのため、はかりを読む前の練習用として、針が浮かない形にして作ります。

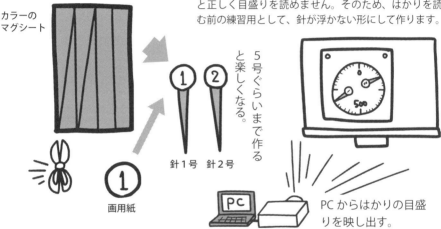

カラーの
マグシート

画用紙

針1号　針2号

5号ぐらいまで作ると楽しくなる。

PC からはかりの目盛りを映し出す。

※ PC がない場合は教授用コンパスにマジックを取り付けて模造紙に円を描き、はかりの目盛りを作るとよいです。

DIGITAL

目盛りが読めるようになる！

針を動かせる　　答えも同時に見える　　数直線も出る！

答えを出しながら針を動かすと、針の動きに合わせて答えも変わるので、針と目盛りの関係が次第にわかってきます。数直線も表示されるので、はかりの目盛りの意味がさらによく理解できます。

◎ 授業での使い方

はかりの目盛りや針が出てくると、子どもたちの集中力がとても高まります。
自分も針を貼り付けたいという気持ちを起こすと、盛り上がります。

①黒板にはかりの目盛りを映し出し、針を1つ貼り付けます。

②目盛りの読み方を針1号で練習したら、針を子どもたちに渡し、子どもに問題
を出してもらいます。

指名された子が針を貼り付けたら、席に戻さず黒板の前で待たせて、正誤の判定
をしてもらい、正答である理由（小さい目盛りは1つ10gなので〜〜等）を言っ
てもらいます。これを2〜3回行うと、自信をもって理由が言える子がどんどん
増えます。

ワンポイント 目盛りの読み取りの苦手な子もいます。そんな子も針をやりたがるの
で、そのやる気を生かして「難しい問題をお願いします。」などと言う
と、より効果的な学習になります。

39

15 四捨五入が楽しくなる

四捨五入ヘビ君

4年 がい数

「4までを捨てて、5以上を入れる」と説明するのですが、今一つ頭の中にスッキリ入らない子もいます。そんなことがありそうと思ったら、この「四捨五入ヘビ君」に登場してもらいましょう！

準備する物▶四捨五入ヘビ君

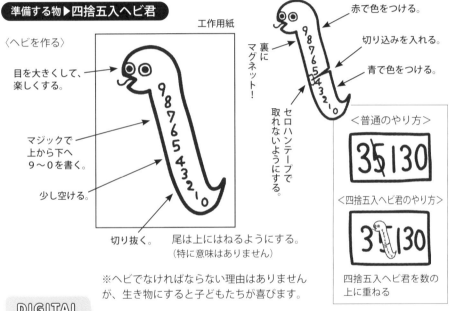

〈ヘビを作る〉

工作用紙

- 目を大きくして、楽しくする。
- マジックで上から下へ 9〜0を書く。
- 少し空ける。
- 切り抜く。　尾は上にはねるようにする。（特に意味はありません）

- 赤で色をつける。
- 切り込みを入れる。
- 青で色をつける。
- 裏にマグネット！
- セロハンテープで取れないようにする。

＜普通のやり方＞

35130

＜四捨五入ヘビ君のやり方＞

3□130

四捨五入ヘビ君を数の上に重ねる

※ヘビでなければならない理由はありませんが、生き物にすると子どもたちが喜びます。

DIGITAL

楽しく四捨五入が学べる！

数が出る　　　五入がアニメーション！　　　答えも出る！

「四捨五入ヘビ君」の上半分または下半分が動きます。楽しみながら、四捨五入を学べます。上半身か下半身かで四捨五入に取り組めます。

◉ 授業での使い方

「四捨」と「五入」を印象づけるように演出します。

---

① 〔五入〕の場合
ヘビの上半身を前に倒す。

② 〔四捨〕の場合
ヘビの下半身を下にたらす感じにする。

※上記の先生は、怪しい説明をしていますが、四捨五入する数が上、下のどっちに入っているか、上だとどうなるか、下だとどうなるかが、イメージとして伝わるので、頭への入りはよくなります。

子ども用のミニチュア版を作り、筆箱に入れておくと、四捨五入の時に、該当の数の上にミニチュアを置いて楽しむ子も出てきます。

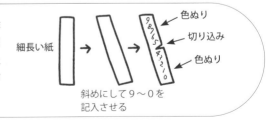

細長い紙 → 斜めにして9～0を記入させる → 色ぬり／切り込み／色ぬり

ワンポイント

授業後、黒板用の四捨五入ヘビ君を紙に貼って掲示するとよいです。紙に余白がたくさんあるので、そこに子どもたちからの一言を寄せ書きしてもらうと、ちょっとしたふり返りの場となります。

垂直の意味がわかる

垂直セット

垂直と平行を学習すると、どっちがどっちだったか……となる子も出てきます。ウルトラマンのシュワッチ！などのジェスチャーもとり入れながら、この「垂直セット」を活用すると、垂直の意味がわかります。

準備する物▶垂直セット

〈漢字を使って意味を伝える〉

〈垂直セットの作り方〉

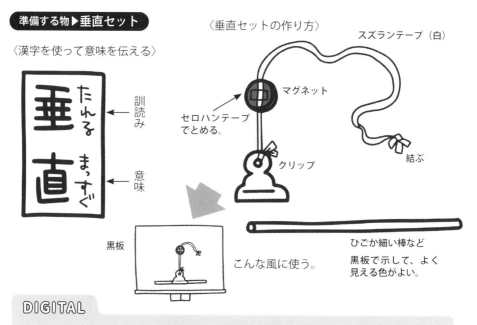

スズランテープ（白）

マグネット

セロハンテープ
でとめる。

クリップ

結ぶ

訓読み

意味

垂
たれる

直
まっすぐ

黒板

こんな風に使う。

ひごか細い棒など
黒板で示して、よく
見える色がよい。

DIGITAL

操作しながら垂直がわかる！

直線が出る　　マウスで操作できる！　正しければ○が出る！

直線が2本出ます。一方の直線を動かして垂直にします。正しくできれば○が出るので、何回かやっているうちに、垂直の感覚がわかってきます。

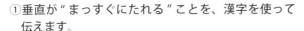

◉ 授業での使い方

黒板に「垂直」と少々大きめに書き、垂直の意味の話をすることを伝えてから行うといいです。

① 垂直が"まっすぐにたれる"ことを、漢字を使って伝えます。

② 地面に対して"まっすぐにたれる"ことも伝え、黒板にこのような絵を描きます。シンプルな絵でOKです。

③ 手の所に垂直セットを置きます。

ハイ、下にたらしまーす！
まっすぐにたらしまーす!!

◎ セロハンテープで止めているだけなのでスズランテープは少し強く引っぱると簡単に下に引っぱれます。

④ 地面にたどりついたら止めて、子どもの絵を消し、地面とスズランテープの関係が垂直ということを伝えます。

⑤ クリップに棒をバランスよく取り付けます。

これが垂直セットです。スィーとのばしてチョウッと棒をはさみました！

ほー。

おもしろ!!

ワンポイント

5年の三角形の面積の学習でもこれを使うと頂点と底辺が見つけやすくなります。三角形の頂点にマグネットを置き、棒を底辺に合わせます。

4年

17 展開図を頭の中で組み立てる
1面固定法

4年
立方体と直方体

展開図を見て、それを自分の頭の中で組み立てるのですが、それが、どうにもうまくできない子もいます。そんな子のためのちょっとしたコツが、一面を固定して動かないものとしていく方法です。

準備する物▶展開図とマジック

〈立方体になる展開図、立体にならない展開図を何種類か作る〉

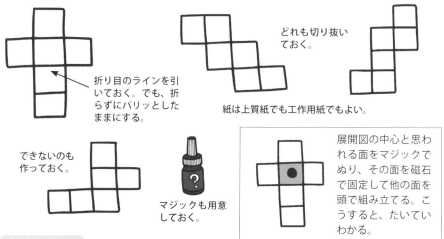

折り目のラインを引いておく。でも、折らずにパリッとしたままにする。

どれも切り抜いておく。

紙は上質紙でも工作用紙でもよい。

できないのも作っておく。

マジックも用意しておく。

展開図の中心と思われる面をマジックでぬり、その面を磁石で固定して他の面を頭で組み立てる。こうすると、たいていわかる。

DIGITAL

展開図→立体のイメージがつかめる

展開図が出る

組み立てが始まる

立体になる！

中央の1面が固定されて立体になるので、何回か見ているうちに、展開図の組み立てイメージが頭に出てくるようになります。

44

◎ 授業での使い方

頭の中で組み立てられるか、というところにスポットを当てていきます。

①黒板に展開図を1つ磁石で留め、立方体になるかどうか考えさせます。

固定する面を決めないと、子どもたちは端の面から組み立て始めるので、頭の中での映像が追いつきません。
中心の面を固定すると、最大でも2回折りとなるので頭の中の映像が追いつきます。

2回折り

②実際に組み立てる時、磁石を中心と思われる面に移動し、「ここを動かさないで、このまわりの面を立てていきます。」と見せていきます。

この面は動かさない。

この面にマジックで色をつけて目立たせます。

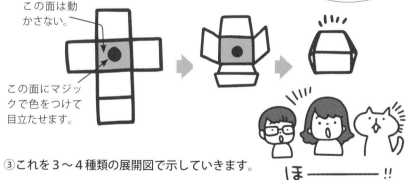

③これを3～4種類の展開図で示していきます。

ほ————!!

ワンポイント

黒板で使った展開図は模造紙に貼って掲示するとよいでしょう。その際、展開図の中心と思われる面にのみ糊をつけて貼ると、掲示物の展開図を組み立てて楽しむ子も出てきます。（※次章の二重展開図と組み合わせて掲示するのもよいです。）

4年

18 展開図と立体が同時に見える

二重展開図

展開図と立体の関係が一目でわかり、しかも、ちょっと楽しい雰囲気
になります。

準備する物▶同じ展開図を2枚

子ども用には工作用紙を
コピーしたものを配るといいです。

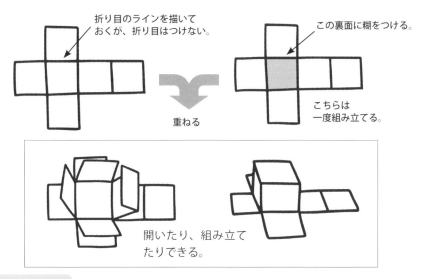

折り目のラインを描いて
おくが、折り目はつけない。

重ねる

この裏面に糊をつける。

こちらは
一度組み立てる。

開いたり、組み立て
たりできる。

DIGITAL

展開図と立体のつながりがわかる！

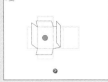

組み立てが始まる

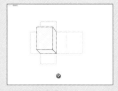

展開図が残っている！

展開図が組み立てられつつも、元の展開図が画面に残っているので、展開図と立体のつな
がりがイメージされてきます。

◎ 授業での使い方

中心と思われる面で、2枚の展開図をつなげます。すると、どことなくみかんの皮をむいて、へたの所だけそのままにしたものと同じような感覚になり、展開図が身近になります。

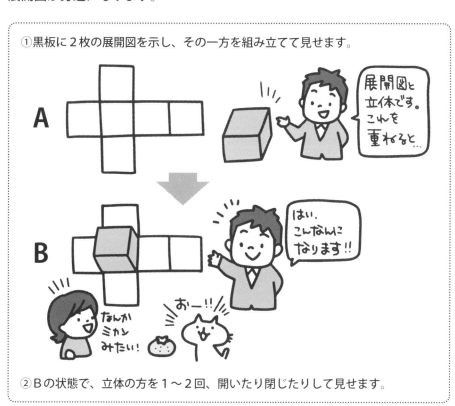

① 黒板に2枚の展開図を示し、その一方を組み立てて見せます。

A

展開図と
立体です。
これを
重ねると…

B

はい、
こんなんに
なります!!

なんか
ミカン
みたい!

おー!!

② Bの状態で、立体の方を1〜2回、開いたり閉じたりして見せます。

ワン
ポイント

子どもたちにも同様に展開図を2枚作らせます。その内の1枚は裏面全体に糊をつけ、ノートに貼ります。もう一枚は中心と思われる面にのみ糊をつけ、重ねて貼ります。

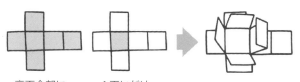

裏面全部に
糊をつける。

1面にだけ
糊をつける。

ノートを開いた時に立体に組み立てます。閉じる時は開いて閉じます。(この時、上側の展開図が多少ぐしゃっとなりますが、気にしなくて大丈夫です。)

4年

展開図の面と面のつながりが楽しくなる

福笑い君

4 年
立方体と直方体

基本的な展開図を学んだら、もっと他の展開図がつくれないだろうか と考えます。その時、面と面のつながりを強く意識して欲しいと思っ たら、この「福笑い君」です。

準備する物▶福笑い君と隠し紙

〈福笑い君の作り方〉

①まず、立体を作り、そこに顔を描く。

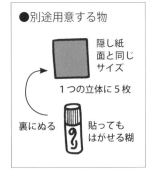

●別途用意する物

隠し紙
面と同じ
サイズ

1つの立体に5枚

裏にぬる

貼っても
はがせる糊

②これを開いて展開図にし、
5つの面に隠し紙を貼る。

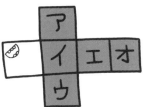

どこに何があるか
考えます。

DIGITAL

見取図と展開図の関係がつかめる！

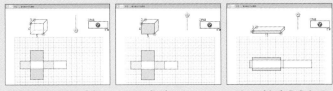

見取図と展開図が出る　　面に色がつく　　　サイズを変えられる

見取図と展開図を同時に見ることができるだけでなく、サイズも変更できます。高さを短 くすると展開図はどうなるのかと、予想しながら見ていくと両図のつながりがつかめてき ます。

◉ 授業での使い方

子どもたちに立体を見せて、それから顔のパーツを描くようにします。それをよく見せてから、隠し紙を貼ります。

①立体を見せながら、顔のパーツを描いていきます

イラストを描く所は、あっさり進めればよいのですが、髪にリボンをつけたりメガネも描いたりすると、いっそう楽しくなります。

②隠し紙を貼り、アイウエオと符合をつけます。

③立体を開き展開図にし、それからアイウエオを記入して、「どこに何があるかクイズ大会」となります。

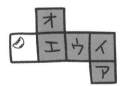

※隠し紙をすべてはがすと、顔のパーツがバラバラになるので、福笑い君という名前になっています。

ワンポイント 絵ではなく、漢字を使っても楽しくできます。

組み立てながら正しく書く ➡ 一度組み立てる ➡ 違う形に開く

※面にまたがるように書くと、開いた時に面のつながりがとてもよくわかります。

4 年

20

角度の勘がよくなる
カックン角度君

120°の角を測らせたら、「60°」と分度器のもう一つの方の数で答えてしまう子がいます。角度の感覚がまだできていないのでしょう。そういう子のために「カックン角度君」を使って「だいたい何度？」と出題するといいです。

準備する物▶角度君と先生用分度器

〈角度君の作り方〉

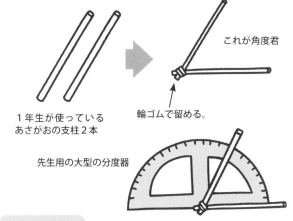

これが角度君

１年生が使っているあさがおの支柱２本

輪ゴムで留める。

先生用の大型の分度器

お財布に余裕があったら市販の360°開く扇子に厚紙で２辺をとりつけると、さらによい感じになります。

こんな風にして子どもたちに見せます。

DIGITAL

何度も角度を読みたくなる！

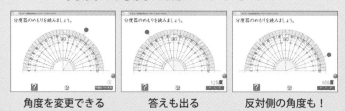

角度を変更できる　　　答えも出る　　　反対側の角度も！

答えを見える状態にして角度を変えると、見ているうちに分度器の目盛りの読み方がわかってきます。逆向きの角でも同様に学べます。分度器を消して角度を答える学習もできます。

◎ 授業での使い方

クイズ番組のノリで軽快にどんどん出題していきましょう。

①分度器の読み方を教えたら、だいたい何度かを勘で答えるクイズを出します。

0°の所から徐々に開くようにします。開く時に口で「カックーン！」などと効果音を出すと雰囲気がよくなります。

②慣れてきたら分度器を置いて支柱だけでやります。

だいたいなので先生が合っているなと思ったらピンポン。違うなと思ったら「おしい」とか「遠い」などと楽しく判定しましょう。

②で90°（直角）より大きいか小さいかを出題するのもよいです。これがわかるだけでも、60°と120°を間違えることが減ります。参考までに、0°＜鋭角＜90°、90°＜鈍角＜180°、180°＜優角＜360°となっています。また、90°が直角で、180°は平角、360°は周角です。

21

公倍数のしくみがわかる

公倍数枠

5年

偶数と奇数、
倍数と約数

倍数はわかるけど、公倍数はちょっと……、という子もいます。言葉に慣れていないこともありますが、そのしくみが頭に入りにくいということも、原因として考えられます。そう思った時、この「公倍数枠」を作ってみてはどうでしょう。

準備する物 ▶ 台紙と倍数の枠

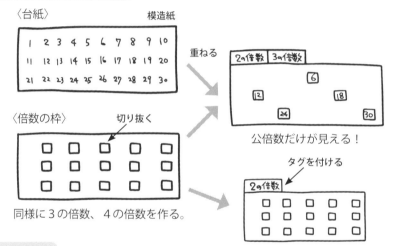

同様に3の倍数、4の倍数を作る。

DIGITAL

公倍数の意味がよくわかる！

| 4の倍数枠 | 倍数だけが見える！ | 6の倍数枠が重なる！ |

並んでいる倍数の枠を下におろすと、倍数だけが見えるようになります。そこへ、別の枠をおろすと、公倍数だけが見えるようになります。組み合わせを変えていくと、公倍数の意味がわかってきます。

◎ 授業での使い方

模造紙を使うので、少々大がかりになりますが、子どもたちは喜び、集中もします。

①台紙と倍数の枠を使って、まず倍数を見せます。

黒板に台紙が貼られるだけで、子どもたちの気持ちは高まります。

そこに倍数の枠を重ねます。すでに知っている倍数なのですが、改めて、なるほど、と思ったりします。

②3の倍数を重ねたままで、その上に2の倍数を重ねたらどうなるか、子どもたちにちょっと考えさせてから、重ねます。

公倍数は共通の倍数であることを話し、それは、重ねることで見つけることができることも話すといいでしょう。

ワンポイント

◎できれば、2, 3, 4, 6の倍数の枠を用意できるといいです。
2と3, 3と4……かけ算するタイプ
2と4, 2と6……大きい方の数になるタイプ
4と6 …………… 大きい方の数を2倍, 3倍していくタイプ
このような3つのタイプを示すことができます。

22

小数のかけ算が楽しくなる

小数点イカ

小数のかけ算の筆算では、筆算後に答えのどこに小数点を打つのか考えます。この時、普通は小数部分の数字に○をつけて考えます。ここをちょっとひねって楽しくしたのが「小数点イカ」です。

準備する物 ▶ イカ風の枠

イカはこんな形をしているので、これをマグネットシートで作る。

多少イカに見えなくても大丈夫。先生が「イカです」と言えばイカに見えてくる。

切り抜く

足は大変なので省略。

中も切り抜く

これを4つほど作る。

$$2.\text{③①} \times 5.\text{④⑤}$$

こんな風に使う。

DIGITAL

答えのどこに小数点を打つのか、よくわかる！

筆算が出る

小数点を打つ所を考える

イカもある！

出てくる小数のかけ算は計算が終わった状態になっています。そのため、答えに小数点を打つ所だけを集中して学習できます。何問かチャレンジしているうちに、小数点の打ち所がわかってきます。

◎ 授業での使い方

小数点をどこに打つべきかを考える時は、小数点以下の数字がいくつあるかを数えればわかります。「小数点以下」が大事なポイントになるので「小数点イカ」という名前のイカを準備して、子どもたちに見せます。単なるダジャレです。ですが、なぜイカが登場するのか考えさせると教室は楽しくなります。

イカを貼り付ける。

イカを1匹ずつ動かす。

同様に「イカが2匹」「イカが3匹」「イカが4匹」と示し、小数点を打つのはここですと教えます。

ダジャレの教具ですので、「くだらない」と思う先生もいると思います。でも、こういう教具は子どもたちに大受けし、やる気を高めます。この手の教具づくりは小学校現場ならではの研究だと思っています。頭を働かせれば、子どもたちが喜ぶ新たな教具が発明されてきます。

23 小数のわり算のやり方を覚えたくなる

紙コップわり算

5年
小数のわり算

小数のわり算の単元に入って、どうにもやる気がイマイチと感じたら、少々お金がかかりますが、「紙コップわり算」がスリリングで楽しいです。なにしろ、わり算がダメだった子が、「わり算のやり方を教えて！」と友だちに言い出したほどの面白さです。

準備する物▶図工の画板・紙コップ

図工の画板

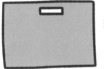

班の枚数×2
くらい。

※図工室に古いのがあるかも。

紙コップ

底に高台があるタイプ

各班に20個〜30個（元気な
クラスはもっと多く）
まず1袋だけ買い、事前に試
してから、残りを買うように。

①紙コップを逆さに置く。

②その上に画板を2枚重ねて置く。

この上に人が乗る。

DIGITAL

小数点の移動がわかる！

筆算が出る

小数点の移動アニメ

筆算の過程が出る

筆算の手順をボタン操作で1つ1つ見ることができます。特に重要な小数点の移動はアニメーションとして見ることができるので、印象深くなります。何回か見ていると手順がわかってきます。

56

◉ 授業での使い方

画板の上に乗る時は、そうっと乗るようにします。ですので、児童机の間に紙コップと画板をセットし、机の上に手を突いて、手に体重をかけながら、そっと乗るようにします。

①まず、先生がやってみせます。

そうっと乗ります

ハイッ！成功！エッヘン！

紙コップは9個置きます。

意外にも紙コップはふんばってくれます。

ぶべない！

やりたいな！

スゴーイ!!

やりたい

②紙コップ1個が何kgを支えたか、黒板で計算します。

$$53.5kg \div 9 = 5.9kg$$

あまりは無視する

```
      5.9
  9)53.5
    45
    ─────
    85
    81
    ─────
    0.4
```

先生は5.9kgでした！現在チャンピオンです！

わー!!

やりたーーい！

紙コップ9個のまま、1人、2人にやってもらいます。その時、筆算を黒板にしてから画板に乗るというルールを定めます。計算が苦手なヤンチャな子も手を上げてくるので、2番目か3番目に指名するといいです。

『筆算をして、先生に○をもらってから乗る』というルールにして、班で取り組ませます。
※紙コップ5個、4個で成功する子も出てきます。

ワンポイント

中学で学ぶ圧力の学習を応用したものです。単位面積あたりの力のかかり具合です。その単位を紙コップにしたのが、「紙コップわり算」です。

24

大きさの等しい分数の意味がよくわかる
大きさの等しい分数 原理シート

5年
異分母分数の
たし算ひき算

大きさの等しい分数のしくみが視覚的にわかる便利シートです。準備物はインターネットの通信販売を利用すると便利でしょう。

準備する物▶原理シートとジュースと台紙

透明なシート3枚〜5枚
（「TPシート」という名で通販で売られている）
正方形でなければ、正方形にカットする。

2等分シート　3等分シート　4等分シート

修正液でやや太目に
ラインを引く。　　それぞれ3枚ずつ作る。

色上質紙
（台紙用3〜4枚　ジュース用3〜4枚×3）
・TPシートと同じサイズにカットする。
・ジュース用は折り目を入れる。

「2分の」用　「3分の」用　「4分の」用
※同じのを3枚ずつ作る。

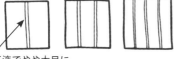

2等分シート　　　3等分シート

横にする　　　　　　　　　　　ジュース用
　　　　　　　　　　　　　　台紙とTPシートの
　　　　重ねる　　　　　　　　間にはさむ。

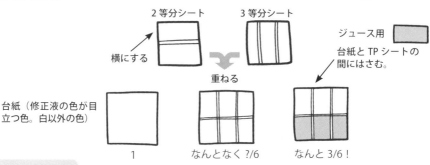

台紙（修正液の色が目
立つ色。白以外の色）

1　　　　なんとなく ?/6　　　なんと 3/6！

DIGITAL

**しくみが
わかる！**

式が出る　　　　図でしくみが見える

分母と分子に同数をかけることが、図の仕切りで表現されています。式と図を見ることで、その意味が伝わってきます。

◉ 授業での使い方

準備したTPシートの重ね方で、1/2 = 2/4 = 3/6 などを視覚的に作りだします。<2等分シート>を重ねると、「分母も分子も2倍になる」と計算に結びつけていきます。

①黒板に台紙を3枚ならべ、その上に<2等分シート>を重ね、間に「2分の」ジュース用シートをはさみます。

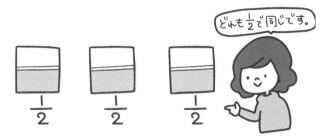

どれも $\frac{1}{2}$ で同じです。

②中央には<2等分シート>を、右端には<3等分シート>を縦の向きに重ねます。

ということで、$\frac{1}{2} = \frac{2}{4} = \frac{3}{6}$ となります。

どんなものだろう

おー!!! カッコイイ!

ワンポイント

<大きさの等しい分数を考える>
1/3 を作り、等分シートを見せます。「どれを使うと何分の何になりますか?」と、見せている等分シートでできる範囲で考えさせます。これを2回ほど行うと、<10等分シート>があったら…などと、発展的なことを言い出す子も出てきます。ノートに正方形を描かせて、横線と縦線を使って大きさの等しい分数を作るのもよいです。

59

25

三角形の内角の和が楽しくなる

カマキリライダー 180°

5年
正多角形と円

三角形の内角の和が 180°になることを、そのしくみを見せつつ楽しく覚えてもらうのが、「カマキリライダー 180°」です。ただし、カマキリのイラストを簡単に板書するので、イラストが苦手な先生は、ちょっと練習してください。

準備する物▶目玉つき三角形

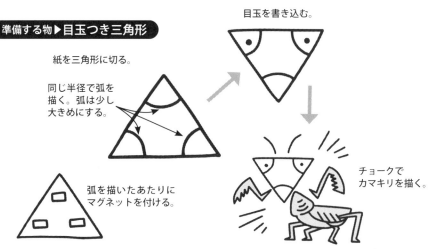

目玉を書き込む。

紙を三角形に切る。

同じ半径で弧を描く。弧は少し大きめにする。

弧を描いたあたりにマグネットを付ける。

チョークでカマキリを描く。

少々お粗末でもチョークでカマキリっぽく絵を描く。先生が「カマキリ」と言えば、下手でも大丈夫。

DIGITAL

内角の和が忘れられなくなる！

三角形の顔　　　　切れて動く　　　　変身する！

三角形をしたカマキリの顔が変身するアニメーションを何度も見ることができます。その名前が「カマキリライダー 180°」なので、内角の和＝ 180°と印象づきます。

◉ 授業での使い方

カマキリライダー180°を使う前に直線は180°であることを念のために確認しておきます。

---

①目玉つき三角形を黒板に貼り、簡単にカマキリのイラストを描きます。

---

②カマキリの顔を再び黒板に貼り、顔が変身すること伝えます。

※最後の板書で180°を書き忘れ「カマキリライダー」だけにしてしまうと、何の勉強なのかわからなくなります。180°までが、これのネームです。

間髪入れずにチョークであご、口、触角を描きます。そして、元気よく「お〜、何かに似ている！」と言いつつ、「カマキリライダー180°」と書きます。

ワンポイント

折りたたむ方法でも似たようにできます。裏面に弧を描き目玉を付けておきます。これを折りたたむと、何かに似ている気になります。

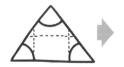

26

円柱の展開図が楽しくなる
またさけヘビ君

5 年
立体図形

円柱の展開図には円があるため、面のつながりがスッキリしない子も
でてきます。それを見越して、「またさけヘビ君」をやってみせると、
円周と長い辺が一致します。

準備する物▶ヘビを半分だけ描いた展開図

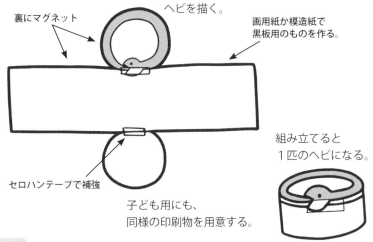

裏にマグネット

ヘビを描く。

画用紙か模造紙で
黒板用のものを作る。

組み立てると
1匹のヘビになる。

セロハンテープで補強

子ども用にも、
同様の印刷物を用意する。

DIGITAL

底面と側面のつながりがわかる！

円柱が出ている　　　円柱が開く　　　展開図になる

出ている円柱が開き、展開図になります。何回か繰り返して見ることで、円柱と展開図の
関係がつかめてきます！

◉ 授業での使い方

黒板にヘビ付きの展開図を示し、ヘビの残りの部分はどうなっているか考えさせます。側面の右端でヘビが終わると思う子もいるので、そこまでで組み立ててみるのもいいです。

①ヘビ付きの展開図を示し、ヘビの残りはどこまでなのか子どもたちに聞いてみます。

※この時に「しっぽ」とか「尾」とか言ってしまうとなんとなくわかる子が出てくるので、ここはわざと言わないようにするのも楽しいです。

②組み立てて確認します。

　　　　＜側面の右端でストップしたら＞　　　　＜最後まで描いたら＞

 子ども用の展開図を配ったら、下の底面の所も描きたがるので、ヘビでなくても模様でも、アルファベットでも、友だちへの伝言でも、面白そうなことを描かせるといいです。展開図の状態で描くと、ずれやすくなりますが、面のつながりの感覚が養われます。

27

立体の名称と形がつながる

立体の名称グッズ

5年
立体図形

円柱や三角柱、四角柱の名称は、「底面の形＋柱」なのですが、三角形や四角形という呼び慣れた名称にも似ていて、ちょっとまごつく子も出てきます。そんな子を思って、立体の名称グッズを作ってさりげなく見せておくのもよいです。

準備する物 ▶ 立体カード

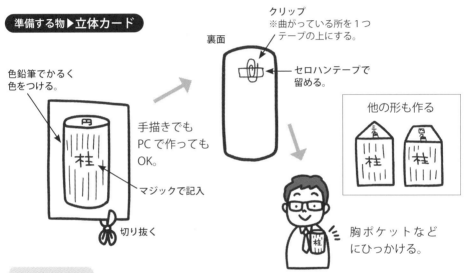

色鉛筆でかるく色をつける。

裏面

クリップ
※曲がっている所を1つテープの上にする。

セロハンテープで留める。

手描きでもPCで作ってもOK。

マジックで記入

切り抜く

他の形も作る

胸ポケットなどにひっかける。

DIGITAL

平面図形の名称から立体図形の名称がわかる！

平面図形が出る

立体に伸びる！

高さを変えられる！

既習の平面図形と名称が出ています。それを上に引き伸ばすと立体に変わります。平面図形の名称の「形」が「柱」に変わることも学べます。

◉ 授業での使い方

教卓の引き出しの中などに隠しておいて、立体図形の第1時の時間に胸ポケットなどに差して、何食わぬ顔で授業をします。

①立体カードを1枚、胸に差して、何も言わずに机間を歩きます。

たいていの先生は授業中によく話をします。その先生が何も言わずに机間を廻ると、それなりに教室の空気が変わります。子どもたちは、胸の立体カードに大注目します。

②教卓に戻ったら、子どもたちに隠すようにして、立体カードを取り替えます。

クリップでなくガムテープを巻いて両面テープのようにして行うと、体に3枚4枚くっつけて子どもたちに見せることができます。かなり盛り上がります。

小学校で学ぶ立体の名称は底面の形と柱状か錐状かで決まります。円錐や三角錐などでも、同様にグッズを作っておくと授業が楽しくなります。

28

平行四辺形の面積の高さが同じなら〜がよくわかる

教科書 10 冊

平行四辺形の底辺と高さの長さが等しければ、形は違っても面積は等しくなります。それを教科書とは違う切り口で、見せられるのが、「教科書10冊」です。中学の教科書に出ているガヴァリエリの原理です。

準備する物▶教科書を子どもたちから集めて教卓に載せるだけ

10 冊ほど重ねる

教科書

斜めにずらす

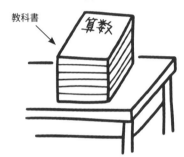

◎正面の面が長方形からいろいろな傾きの平行四辺形に変わっても正面の面積は変わらない。

DIGITAL

高さが同じなら面積も同じだとわかる！

長方形を裁断する　　ずらして平行四辺形にする！　　うんとずらす！

長方形を細かく切って横にずらして、平行四辺形を作ります。裁断された形が横にずれるだけなので、面積は変わらないとわかります。

◉ 授業での使い方

子どもたちから教科書を集め、底面がみんなに見えるように、教卓の上に重ねて置きます。教科書をずらしても、教科書の冊数が変わらないので面積が変わらないことをつかませます。

①底面に注目させる

②念のために板書して底辺・高さと面積の関係を確認

ワンポイント　時間があれば、教科書の束→ノートの束→下敷の束とやって見せると長方形も平行四辺形も、うす〜〜い面が同じ枚数重なってできていることが感じられるようになります。こまかく分けて考える微分の思考につながります。

おまけ　このようにしても面積は変わりません。

ひし形の面積の変形がわかる

動く対角線

ひし形の対角線をずらした図形の面積を求める問題があります。算数の苦手な子は、ひし形の変形ととらえることができず、新しい独立した形と思ってしまいます。そこで対角線を動くようにした教具を見せると、ひし形の変形だとわかるようになってきます。

準備する物 ▶ 対角線付きひし形

〈ひし形の対角線を角材で作り、辺を平ゴムで作る〉

スズランテープをセロハンテープでしっかり留め、平ゴムの通り道を作る。

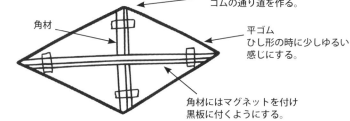

角材

平ゴム
ひし形の時に少しゆるい感じにする。

角材にはマグネットを付け黒板に付くようにする。

〈縦棒を左右に動かす〉

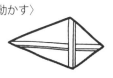

上下2つの三角形の底辺と高さが変わらないので四角形の面積も変わらない。

DIGITAL

対角線が動いてできる図形に気づく！

ひし形が出る

対角線がずれる

対角線が離れる

ひし形の対角線をずらすと、教科書に出てくる図形と似た形になります。そのどれもが、ひし形が変化した形だとわかり、図形の面積への視点が新たになります。

◎ 授業での使い方

対角線×対角線÷2で求められるのは、ひし形だけではありません。対角線が垂直の関係にあれば、下の形も同様に求められます。アもイもウもひし形の変形と思えるように導きます。

ア　イ　ウ

---

①ひし形の面積は対角線×対角線÷2であることを確認してから縦棒をずらします。

さあ！面積は変わったでしょうか？

変わらないよ？

あぁ！

下を隠すと三角形になり、面積が変わらないことが、すぐにわかります。

---

②対角線が垂直に交差しているなら面積は変わらないとわかったら、縦棒を横棒から少し離します。

かわらない！

はなれました！面積はかわりますか？

同じだよ！

この後、教科書の問題を見て、ひし形の変形と思える形を見つけさせます。

ワンポイント

三角形の面積でも、同様に作って理解を促進することができます。

30 体積のしくみがよくわかる
体積の重なり君

5年
体積

立方体や直方体の体積を単位となる立方体が何個分かと考える時に使える教材です。

準備する物▶重なり君

〈工作用紙で「重なり君」を作る。4〜5枚〉

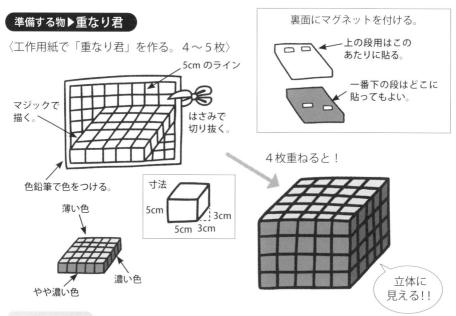

裏面にマグネットを付ける。

上の段用はこのあたりに貼る。

一番下の段はどこに貼ってもよい。

5cm のライン

マジックで描く。

はさみで切り抜く。

色鉛筆で色をつける。

薄い色

やや濃い色

濃い色

寸法

5cm 3cm 5cm 3cm

4枚重ねると！

立体に見える!!

DIGITAL

体積のしくみがわかる！

体積が出る　　段毎にずらせる！　　サイズを変えられる！

「体積」を「体が積み重なっている」ととらえ、重なりを動かせるようにしています。直方体のサイズを変えながら、何度か見ていると、6年で習う「底面積×高さ」まで思考が進んできます。

◉ 授業での使い方

まず、「重なり君」1枚を見せ、立方体が何個あるか、問います。次にもう一枚「重なり君」を見せ、最初の1枚の上に重ねます。その先、作った枚数、同様にしていきます。これだけで、「縦×横×高さ」が伝わっていきます。

①立方体は何個あるか考えます。

②「重なり君」を重ねて、何個あるか考えます。

※6年で学ぶ「底面積×高さ」にもつながっています。

重なっている物を分解して示しているのが「体積の重なり君」です。同様の視点で、L字型や凹み型など、複数の直方体が組み合わさってできている立体でも「重なり君」が作れます。この場合は直方体単位で作って重ねます。子どもたちの納得度が高まります。

考える問題が面白くなる

円の面積カラクリ君

6年
円の面積

円の面積の求め方を学習した後、ちょっと変わった形の問題が出題されます。それらの解説をする時に便利なのが「円の面積カラクリ君」です。やって見せるとストンとわかります。

準備する物▶面積のカラクリ君

「重なり」と「回転」を頭に入れて、出題図形を分解し、紙を切って準備する。

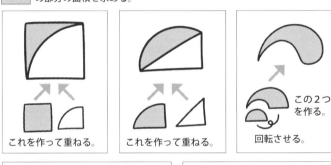

▨ の部分の面積を求める。

これを作って重ねる。　これを作って重ねる。　回転させる。　この2つを作る。

etc.

DIGITAL

動かせばわかる！

図形が出る　　一部が動く！　　簡単な形になる！

変わった形の図形が、アニメーションで簡単な形に変わります。ソフトにはいろいろな図形が載っているので、それを見ておくだけでも、図形の面積を多面的に見る力がついてきます。

◎ 授業での使い方

教科書に出題されている問題と同じに見えるように、黒板に示し、そのカラクリをやって見せます。途中で止めたり、ゆっくり動かすとより効果的となります。

このあたりで止めると子どもたちの反応が強くなります。

変わった形の問題は、こうして「重なり」と「回転」を見せておくと、別の問題を見た時の発想がよくなります。

時間が許せば、円と正方形を印刷した紙を配り、切って重ねて、変わった形の問題を作らせると、この手の問題に対する頭の働きがよくなります。

教材づくりのコツ

　手作り教材をたくさん作ってきたので、作り方のポイントを少し記しましょう。また、それに関わる算数の話も少し交えます。

◇……**教材を擬人化する**

　とても簡単な方法です。○○君とか○○さんと名前をつけるだけでも、楽しくなります。「小数点君」のように顔をつけたり、カマキリやヘビを登場させたり。国語で言うところの擬人化をしていくと、算数の授業が楽しくなります。簡単な物でも、手作りで教材を作ったら、そこにちょこっと擬人化を加えてみてください。

　擬人化がなぜ大切なのかというと、それは算数が淡白な教科だからです。花が3本あったとしても、決して本物を見せることはありません。文章が出てきても、物語のような喜怒哀楽はありません。なんというか、血が通っていないのが算数なのです。だから、そこに擬人化で血を通わせると、子どもたちもグイッと面白がり、教室がホットになります。

◇……**動詞に着目**

　算数は「たす」「ひく」など重要なところが、動詞で表現されています。ということは、算数は動きを伴った存在とみなすことができます。こう考えると、板書では動かせないので、算数を上手く表現できないことに納得がいきます。一手間かかりますが、教材を作ると動かすことができ、その分、子どもたちの理解がグイッとアップします。教材を作る時には、どれが動くかと頭を働かせるとよりよい教材が生まれてきます。

　私の開発したデジタル教材は学習効果が高いと言われていますが、その理由として、「動く」ということを指摘する先生がたくさんいます。

◇……部分ごとに分解する

　算数はシンプルな基本的な内容から、次第に複雑な中身へと進んでいきます。ですので、内容に応じて分解した教材を作っていくと、子どもたちにとってわかりやすい教材となります。立体の「重なり君」「隠れ0.1」などがその一例です。

　ところで、算数は3次元のものを2次元に表現しています。立体も斜め上あたりから見た平面図で表現しています。365のような数も、300と60と5という3つの数の合成なのですが、位取りという画期的な表し方の登場により合成感がなくなりました。歴史の積み重ねによって見事に平面に表しているのが算数です。それを「部分部分に分解する」ことで、その仕組みを見えやすくしているのが、教材です。教材を作る先生のクラスの子どもたちは仕組みへの納得感が高くなります。

◇……3回繰り返す

　算数の練習問題では繰り返し学習することが大切であると、誰もが知っています。実は、仕組みを理解する場面でも、繰り返し見せることが大切とされています。戦前の教育書にも、仕組みも3回繰り返すことが大切と記されています。1回目は「そうなのか」と思い、2回目で「さっきと同じだ」となり、3回目になると「もうわかった」となります。桃太郎の話で犬がやって来て、猿が来て、雉もやって来る話と同じで、雉が来たときには、話を聞いている子は黍団子をもらって家来になるとわかってしまいます。

　仕組みを理解する手作り教材が本書にも載っています。そこには、カードを3枚ほど作るように記しています。それは、このような桃太郎の繰り返しの考え方によるものです。1回見せれば仕組みを理解できると思うのではなく、3回は見せられるように教材を作ることが教材作りのポイントとなります。

コラム2 写真で見る、手作り教材

　本編に載せていない手作り教材がまだたくさんあります。その写真がありましたのでご紹介します。1994年頃のものです。

◇……分数のわり算

　6年で学ぶ、分数のわり算で使った手作り教材です。÷分数をひっくり返して×分数にするところを、実際にひっくり返して見せることができます。

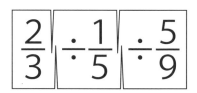

　裏が透けない厚手の画用紙か板目表紙で作ります。表には÷分数、裏にはひっくり返した時に出てくる×分数を書きます。次に、上と下からの切り込みを入れます。少し左右にずらして切るのがポイントです。すると、その部分を裏返しにすることができます。

　写真には枠が書いてありますが、これは「記号と分数」で一つのかたまりになっていることを示しています。

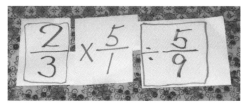

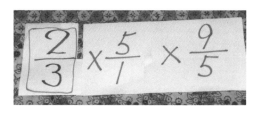

　この教材を持って子どもたちに見せるのですが、切り込みが入っているので、紙が少々くてっとします。そうなると、切り込みが見えてしまいます。

それでも気にせず、「ちょっと、仕掛けがあります」とかなんとか言って、「ハイッ！」と真ん中の分数だけをひっくり返します。仕掛けがあるとわかっているのに、子どもたちからは「オッ〜！」と驚きの声が上がります。

「ひっくり返してかける」というやり方より、もっと重要なのは、「なぜ、ひっくり返してかけるのか」という理由です。つまり、分数のわり算がどういう仕組みになっているかを理解することの方が、算数を深く学ぶことになります。
　以前、大学の先生から、「大学生が、なぜひっくり返してかけるのかの理由がわからないと悩んでいる」と言われたので、6年の「分数÷分数」のデジタル教材を見せたことがありました。ものの1分も見ただけで、「わかった！」と言い、「これなら、教えるより、自分で操作させることでわかってくる」と感想をいただきました。
　デジタル教材は、黒板では表現できないわかりやすさを、目の前に映し出します。御利用中の先生は、ぜひ、手作り教材と合わせて御活用いただけたらと思います。

◇……小数と分数の関係

　5年では小数を分数に直す学習をします。その小数が分数になるところを、見せていく手作り教材です。
　分数と小数を右のように混在させて書き、折り目の所で折り、それから切り込みを入れます。
　最初は小数だけを見せ、それを分数に早変わりさせる時には、「0.」の部分を裏に

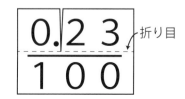

折り目

回転させます。すると、100 が登場し、あっ
と言う間に分数となります。

　これは面白いと思って、整数部分が 1
以上となる 5.23 などで作ろうとすると、
上のような切込みではうまくいきません。
その場合は、小数点の周囲を ∩ の形に切
り込み、100 の裏面と糊でくっつけておき
ます。これで、うまいこと分数に早変わ
りします。

　余談ですが、整数部分が 1 以上の小数
（1.2 とか 4.68 など）のことを、戦前は帯
小 数と呼んでいました。

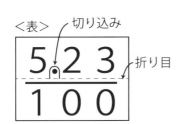

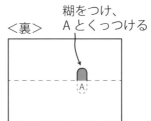

コラム3 高学年は「分数の眼」を鍛え、多面的に見る力を！

　分数を教科書より少し広めにとらえると、高学年の算数はかなりわかりやすくなります。

　例えば、$\frac{2}{3}$という分数の読み方は、教科書では「3分の2」と読むことしか学びません。ですが、5年生で分数とわり算の関係を学んだら、上から下へ「2÷3」と読

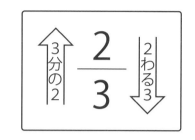

むこともできると話しておくと、分数を見ただけで、そこにわり算が見える子に育っていきます。

　ついでに、横書きでは、「2／3」も$\frac{2}{3}$であり、2から読むと「2割る3」と読め、3から読むと「3分の2」と話しておくと、「時速5km」を「5km／時」と発展的に示したとき、km÷時間という式が見えるようになります。

　余談ですが、英語では分子から先に読み、$\frac{2}{3}$は「two thirds」と読みます。分数の読み方は1つだけと決めてかからずに、漢字に音読み、訓読みがあるように、分数には分数読み、わり算読みがあるとみなし、読み方を広げていくことで、多面的な見方につなげることが大切です。

　このように、分数の読み方を広げて指導したくなるのは、高学年の算数の内容では分数があちこちに隠れているからです。そのいくつかを御紹介します。

◇……**割合**

　5年生の割合の学習で次ページのような表が出てきますが、ここにも分数があるとみなしていくと、合計が分母であり、各項目が分子であるとわかり

ます。

　分数は「分子÷分母」でもあ
ることが板についている子でし
たら、計算の骨格はすんなりと
わかります。そのうち、それぞ
れの分数を全部たすと合計が１
になることにも気が付き、割合
は全体が１になっていることも、
なるほどと思えてきます。

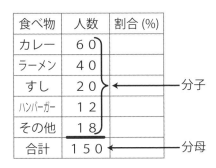

食べ物	人数	割合 (%)
カレー	６０	
ラーメン	４０	
すし	２０	
ハンバーガー	１２	
その他	１８	
合計	１５０	

← 分子

← 分母

$$\frac{60}{150}+\frac{40}{150}+\frac{20}{150}+\frac{12}{150}+\frac{18}{150}=\frac{150}{150}=1$$

◇……**比例**

　６年では比例の学習をします。ここにも分数が隠れています。表の中を分
数の眼で見ると、大きさの等しい分数がズラッと並んでいるように見えて来
ます。それがつかめれば、どこかが空欄に
なっていても、教科書で学んだ方法に加え
て、分数として考えて解答していくことが
できます。

　多面的な思考が行われるわけです。

棒の長さと重さの関係

長さ (m)	1	2	3	4	5
重さ (kg)	5	10	15	20	25

◇……**単位量**

　５年生の単位量の学習にも同様に分数が
隠れています。２本の線分図の０のところ
を外して、残ったところを見ると、そこに
大きさの等しい分数が見えて来ます。□を
求めるには、どう計算したらよいかも、既

道のり　０　□　　　　　　３０(m)
時間　　０　１　　　　　　５ (分)

習の分数の力でも見つけられるようになります。

　余談ですが、大きさの等しい分数は、「斜めに分子×分母、分母×分子と計算すると同数になる」という性質を持っています。

これを使って単位量の問題の解答へと迫ることもできます。こうなってくると、単位量の問題は線分図がかければ、もう問題は解決したに等しくなります。

◇……比

　6年の比も同様です。比の「：」はわり算の記号として世界で使われています。ですので、「3わる4」を「3：4」と書く国がたくさんあります。比を見て、そこにわり算が見えたり、分数が感じられる子は、比を多面的に見ていることになります。

比
$$3 \div 4$$

比
$$3 : 4 = 9 : 12$$

　こちらも余談ですが、等しい比には「内内の積＝外外の積」という計算方法があります。これも、先ほど記した「分子×分母」「分母×分子」が同数になることと同じ意味です。

　高学年の算数には、分数があちこちに潜んでいると思って教科書を見ると、思わぬ発見があることでしょう。

数直線は３種類
デジタルで見ればさらにわかりやすい！

　数の学習で数直線が登場します。基本は10等分タイプですが、数の学習以外にも数直線は顔を出してきます。ものさしや巻き尺、１Ｌの図、棒グラフや折れ線グラフなどです。また、直線ではなく円の形になって、時計や重さのはかりにも登場しています。

　それらをまとめてみると、10等分の他に、５等分と２等分がよく使われていることに気がつきます。そのため、担任をしていた頃の私は、工作用紙で３つのタイプの数直線を作っておき、必要に応じて黒板に出し、数をチョークで書いて授業をしていました。教具が登場するので、子どもたちの活力もアップし、よい授業となっていました。

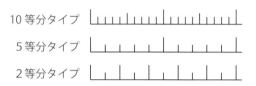

10等分タイプ

５等分タイプ

２等分タイプ

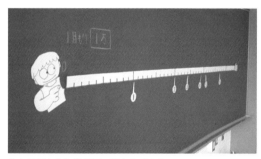

体と手を左右に付けて、楽しみました。

　数直線は簡単にできますが、円形をした時計や重さのはかりとなると、作るのが大変です。針金を使って、数直線からはかりの形に切り替わる教材を作ったことがありますが、かなり苦労しました。でも、今はデジタル教材があるので、それを見せれば目盛りの読み方への理解がスムースに進みます。目盛りの読み方を理解しやすいよう

【時計用】
５分毎のカードを作り、裏に針金を付ける。（目盛りの位置あたり）

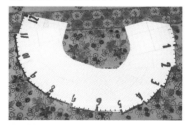

直線状態で見せて、次第に丸める

に作られているからです。

　以前、若い先生から届いたメールに、次
のようなことが書いてありました。どうし
ても時計が読めない子に、中堅の先生が寄
り添って 30 分程指導したそうです。しか
し、結果はわからないままでした。そのあ
と、若い先生がデジタル教材を見せて、マ
ウスで自由に操作させたら、すぐに読める
ようになったとのことです。

最後は円形になる

　その先生が言うには、「デジタル教材は目盛りに強い！！」。重さのはかり
でも同様に目盛りが読めるようになったと喜びのメールが届いています。

　小学校にもタブレットがどんどん導入される時代になりました。手作り教
材に加えて、デジタル教材を大いに活用して、算数で出遅れている子をグイ
グイと成長させて欲しいと願います。

◉おわりに

　担任をしていた頃から、先生と教材の関係は、医者と薬の関係に似ていると思っていました。手の施しようのなかった病でも良い薬ができることで治ります。その薬も口に苦かったのが、今では糖衣薬となるなど、飲みやすくする工夫がさまざまに施されています。

　算数も同様です。算数を嫌いだと思っている子、算数をあきらめている子が現実にいます。その子たちでも、手作り教材が登場すると関心を示します。その教材を動かしたり、ヘビやイカなどが登場したりと工夫されていると、算数は面白いと思うようになってくれます。

　私は、この「子どもたちが面白がる」という感覚が一番大事なことだと思っています。何でもそうですが、面白かったら何度でもやりたくなり、好きになっていきます。好きなことは続き、覚えもよくなり、次第にできるようになっていきます。こういうよい流れの大元である面白さを教材が簡単に作ってくれるので、多少時間がかかっても作るようにしていました。

面白くなって、できるようになる。

　この流れをさらに確実にするのが、頭が進化していることに気づかせることです。
「単元が1つ終わると、頭は1つ進化する」と、進化の公式のように子どもたちに話すことをお勧めしています。やり方は簡単です。単元が終わったら、問題を1つだけ出して、ふり返らせます。

　単元で学んだ問題を1つ出し、子どもたちにさっと答えさせます。次に、学んだ方法を使わずに、学ぶ前の頭で答えさせます。すると、子どもたちは時間がかかり、大変だと気づきます。どうしてそうなったかというと、頭が

進化したからだと説明をしていきます。

　例えば、かけ算ができるようになったら、「7が5つで？」と聞いてみてください。「35」とスパッと答えてきます。続けて、「かけ算を習う前の自分に戻って、かけ算を使わずに7が5つで幾つになるか答えてください」と話すと、子どもたちは「これは大変だ」と思います。「時間がかかる」と感じてきます。

　ここで「なぜ大変と感じるのかというと、それは君の頭が進化したからです」と話しておくと、算数の進化論が子どもの頭に発生します。こうなると、進化したいか、古いままの頭でいたいかを問えば、子どもたちは進化を希望し、やる気をもって次の単元へと進もうとします。

　この「面白い→できる→進化」が学びの大事なポイントです（ICT 教材『夢中で算数』はこの流れに適した教材です。サンプル版もご利用いただけますので、ぜひ、ご覧ください）。

　時代は、ICT や AI が算数の授業を支える方向へと向かっています。新しい姿の授業と共に、手作り教材も合わせて活用し、子どもたちが算数に親しみ、楽しんで学び進める授業、「夢中で算数」をつくり続けていただけたらと願っています。

※本書に掲載した手作り教材は、私が考案したオリジナル教材が多くありますが、教育書や先生方から学んだり、ヒントをいただいたものもあります。この場をお借りして御礼申し上げます。

　　　2020 年　春

　　　　　　　　　　　横山験也

● 著者紹介

横山験也 (よこやま けんや)

日本基礎学習ゲーム研究会会長
株式会社さくら社代表取締役社長
千葉大学教育学部を卒業後、千葉市内の公立学校に勤務（24年間）。第1作『教室騒然！ゲーム＆パズル』（明治図書出版）が2万部ほどのヒット作となり「学習ゲームの横山」と呼ばれる。その後、家庭学習用PCソフト『ケンチャコ大冒険』シリーズ（NECインターチャネル社）の全シナリオを書き、ミリオンセラーに。教員退職後にデジタル算数教材の研究開発を行い、目下JICAプロジェクトとしてアフリカはルワンダ国の小学校に導入すべく実証事業を展開（外務省白書2019年版「匠の技術、世界へ」掲載）。

イラスト：ゴトウマキエ

ブックデザイン：佐藤 博

「夢中で算数」をつくる
教材アイディア集

2020 年 4 月 10 日　初版発行

著　者　横山験也

発行者　横山験也

発行所　株式会社さくら社

　　　　〒 101-0051　東京都千代田区神田神保町 2-20 ワカヤギビル 507 号

　　　　TEL：03-6272-6715／FAX：03-6272-6716

　　　　https://www.sakura-sha.jp　郵便振替 00170-2-361913

印刷・製本　中央精版印刷株式会社

さくら社の理念

●書籍を通じて優れた教育文化の創造をめざす

教育とは、学力形成を始めとして才能・能力を伸ばし、目指すべき地点へと導いていくことでしょう。しかし、そこへと導く方法は決して一つではないはずです。多種多様な考え方、やり方の中から、指導者となるみなさんが自分に合った方法を見つけ、実践していくことで、教育文化は豊かになっていきます。さくら社は、書籍を通じてそのお手伝いをしていきたいと考えています。

●元気で楽しい教育現場を増やすことをめざす

教育には継続する力も必要です。同時に、継続には前向きな明るさ、楽しさが必要です。先生の明るい笑顔は子どもたちの元気を生みます。子どもたちの元気な笑顔で先生も元気になります。みんなが元気になることで、教育現場は変わります。日本中の教育現場が、元気で楽しい力に満ちたものであるために——さくら社は、書籍を通じて笑顔を増やしていきたいと考えています。

●たくましく豊かな未来へとつなげることをめざす

教育は、未来をつくるものです。教育が崩れると未来の社会が崩れてしまいます。教育がたくましくなれば、未来もたくましく豊かになります。たくましく豊かな未来を実現するために、教育現場の現在を豊かなものにしていくことが必要です。さくら社は、未来へとつながる教育のための書籍を生み出していきます。